I0711720

9 781679 466793